Le coffre magique

Perle et le chaperon rouge

Jenny Oldfield est née dans le Yorkshire, en Grande-Bretagne. Après des études de lettres, elle a enseigné cette discipline. Elle se consacre aujourd'hui à l'écriture. Elle aime la campagne, les balades, le jardinage et les voyages avec ses deux filles, Eve et Kate.

Ouvrage publié originellement par Hodder Children's Book,
un département de Hachette Children's Book,
sous le titre : *The Red Cloack*

18, rue Barbès 92128 Montrouge Cedex
Composé par Nord Compo Multimédia
7, rue de Fives, 59650 Villeneuve-d'Ascq
ISBN : 978-2-7470-3192-9
Dépôt légal : janvier 2014

Loi n° 49-956 du 16 juillet 1949
sur les publications destinées à la jeunesse.

Imprimé en Allemagne par CPI-Clausen & Bosse

Le coffre magique

Perle et le chaperon rouge

Jenny Oldfield

Traduit de l'anglais (Grande-Bretagne)
par Natalie Beunat

bayard jeunesse

1

– Pendant que le gâteau cuit, pourquoi n'iriez-vous pas vous amuser au sous-sol ? suggère la mère d'Ambre à sa fille et à ses deux amies.

– J'aimerais mieux rester ici, répond Lili. J'adore respirer cette bonne odeur sucrée...

– Miam..., dit Ambre en léchant la spatule couverte de chocolat fondu.

– Allons plutôt farfouiller dans la malle à déguisements ! s'exclame Perle.

– On le fait tout le temps ! bougonne

Ambre. On y a joué hier, et aussi avant-hier ! J'en ai marre...

– Oh... C'est facile pour toi de dire ça ! Tu as voyagé dans le monde des contes de fées. Et toi, Lili, tu reviens juste de trois aventures avec les sept nains et la méchante reine Séréna[1]. Mais la magie n'a *jamais* fonctionné dans mon cas...

Perle descend l'escalier qui mène au sous-sol, bientôt suivie par ses amies qui ronchonnent.

– Le sortilège a peut-être définitivement quitté ces déguisements, remarque Lili en soulevant le couvercle du coffre en bois. Tiens, qu'est-ce que c'est ?

Elle sort une paire de sabots rouge vermillon, les enfile et se lance dans un numéro de claquettes.

---

1. Voir les livres précédents de cette série.

Le tac-tac sur le sol en béton redonne le sourire à Ambre.

– Tu es trop drôle, Lili ! Hé, les filles, regardez ! C'est la combinaison noire que j'avais mise pour l'anniversaire de Kevin !

Elle soulève le costume de chat en riant. La longue queue en laine traîne par terre.

– Et voilà le masque qui allait avec ! MIAOU...

– En quoi pourrais-je me déguiser ? marmonne Perle. J'ai déjà testé les ailes de fée, le chapeau de sorcière, les escarpins... Je me concentre si fort à chaque fois, mais rien ne se produit jamais !

– Tu devrais moins stresser, recommande Lili. La magie se déclenche sans prévenir, naturellement...

Elle attrape un vieux châle en soie rouge qu'elle a rapporté de son voyage au pays de Blanche-Neige.

– Essaie ce truc, dit-elle à Perle.

La fillette lui répond par un sourire, puis jette le châle sur ses épaules. Elle aperçoit alors dans la malle une jupe à fleurs, qu'elle s'empresse d'enfiler.

– Je te prête mes sabots, ajoute Lili en se déchaussant.

Perle s'admire dans le miroir.

– À votre avis, je suis censée incarner quel personnage ?

– Peut-être Gretel, la petite sœur d'Hänsel, du conte *Hänsel et Gretel*, déclare la maman d'Ambre qui vient de les rejoindre, un plateau à la main. Voici votre goûter.

Elle dépose sur la table le bon gâteau découpé en tranches et trois verres de jus d'orange.

– Vraiment, ma petite Perle, ça te va très bien, commente-t-elle avant de remonter à la cuisine.

– Oh... merci, murmure la petite fille en rougissant de plaisir.

– Attention, Gretel, tu risques d'être dévorée par la vieille sorcière de la forêt ! glousse Lili, qui se souvient très bien de l'histoire.

– Elle va te faire cuire à petit feu dans son chaudron, renchérit Ambre. Je ne te conseille pas d'être Gretel !

– Je ne suis pas Gretel, *je ne suis personne* ! rétorque Perle, dépitée de ne pas être transportée dans le monde des contes de fées.

Elle pivote sur elle-même, mais rien ne se passe.

Les deux chipies éclatent de rire, tout en prenant un morceau de gâteau.

– Arrête un peu, crie Lili à Perle, tu nous donnes le tournis ! Viens plutôt manger.

La fillette soupire et suit le conseil de son amie.

– Miam..., dit-elle avec gourmandise, en tournoyant une dernière fois devant la glace.

Soudain, le châle se met à briller d'une intense lueur rouge. Un halo phosphorescent entoure bientôt Perle, puis ses sabots virent au bleu électrique, et enfin à un blanc aveuglant.

– Au secours ! s'affole la fillette, prise de vertiges.

– C'est dingue ! murmure Ambre en pointant le doigt sur les rais de lumière blanche qui scintillent autour de son amie tels des milliers de diamants...

– Waouh... ça recommence..., s'inquiète Lili. Fais attention. Ne te transforme pas en Gretel !

Enveloppée d'une brume irisée, Perle se sent soulevée de terre.

– Reviens ! s'exclame Ambre.

– Pas question, cette fois, c'est mon tour ! La magie fonctionne... C'est... trop... trop... géni... al...

La voix de Perle s'atténue et la fillette disparaît.

– Oh, zut, se lamente Lili en regardant s'évaporer le nuage argenté.

– Si elle devient Gretel, elle va se retrouver dans une forêt sombre..., renchérit Ambre.

– En plus, la sorcière a d'affreux yeux rouges. Elle vit dans une maison en pain d'épice pour attirer les enfants égarés. C'est une anthropophage...

– Une *QUOI ?* demande Ambre.

– Une an-thro-po-pha-ge ! Quelqu'un qui mange d'autres gens !

– Pauvre Perle..., murmure Ambre. Que va-t-il lui arriver ?

Toujours étourdie par le tourbillon qui l'emporte, Perle perd son châle. Elle le rattrape juste avant qu'il ne tombe et le serre fort contre sa poitrine. Elle tremble de peur et d'excitation à la fois. L'éclair blanc continue de l'aveugler...

– Biddy ? Biddy ?

Près d'un grand chêne, une femme habillée en paysanne sort sur le seuil d'une chaumière. Elle appelle sa fille :

– Biddy ? Biddy ? Le gâteau pour ta grand-mère est prêt !

Perle a atterri en douceur sur l'herbe douce d'une prairie couverte de pâquerettes. Le clapotis d'un ruisseau la ramène à la réalité.

– Où suis-je ? murmure-t-elle.

– Biddy ! Biddy ! crie de nouveau la voix.

– Tu pourrais répondre à ta maman, tout de même ! s'exclame un garçon. Tu es devenue sourde ou quoi ?

Perle découvre un gamin blond et frisé, vêtu d'une salopette en peau de chamois, qui pêche dans un cours d'eau.

– Hé ! C'est à moi que tu parles ? lui demande-t-elle.

– Oui, Biddy, c'est à toi que je cause, répond l'insolent. Tu n'as pas changé de prénom, n'est-ce pas ?

– Biddy, répète-t-elle, ahurie, en tournant la tête.

Elle aperçoit alors quelques masures regroupées autour d'une église en bois, puis une petite chaumière sous le grand chêne.

– Tu t'appelais Biddy hier, tu t'appelles Biddy aujourd'hui ! poursuit le garçon avec espièglerie.

Tout à coup, un poisson mord à l'hameçon et il tire sa canne à pêche en arrière. Une grosse truite frétille au bout du fil.

– Youpi ! Papa va être fier de moi !

Il décroche le poisson et le jette dans une nasse en osier.

– Biddy, dépêche-toi ! crie de nouveau la femme devant la maison.

– Mon prénom n'est pas Gretel, alors ? demande la fillette au gamin.

Il la regarde longuement, avec une expression étonnée.

– Ben non... Tu es bête ou quoi ?

– Quel soulagement ! dit-elle en relevant sa jupe pour courir en direction du village.

2

Biddy ? Quel nom idiot ! pense Perle. *Pourquoi pas Petronella ?*

Elle entre dans la chaumière et jette un coup d'œil à la décoration. Un vieux poêle en fonte ronronne à côté d'étagères où s'empilent des plats en terre et des casseroles en cuivre. Un bouquet de fleurs des champs trône dans un vase en faïence sur la table en bois.

Pas très moderne, tout ça...

La mère de Biddy enveloppe une tarte aux pommes dans une serviette à carreaux et la dépose dans un panier.

– Je te mets aussi ce petit pot de beurre, car ta grand-mère l'adore. Dis-lui bien que le lait vient de notre vache Daisy, c'est sa préférée.

J'aurais préféré m'appeler Aurore, comme dans La Belle au Bois Dormant, *ou être Blanche-Neige, comme Lili.*

La maisonnette est bien rangée et propre, mais la fillette est déçue. Les histoires de pot de beurre ne l'intéressent pas. Elle espérait un château, des chevaliers, des servantes, de belles robes et... un prince charmant !

– Mais enfin, Biddy, tu m'écoutes, oui ou non ? lui demande la femme. Je veux que tu surveilles le bébé pendant que je termine les préparatifs.

Le bébé ? Mais de quel bébé parle-t-elle ?

Elle scrute la pénombre et aperçoit un couffin.

– Tommy est réveillé. Prends-le dans tes bras et chante-lui une chanson sur le pas de la porte.

Waouh ! Super ! Je n'y connais rien, moi, en nourrissons !

Perle se dirige d'un pas hésitant vers le berceau.

– Tu es bizarre aujourd'hui, ma fille, fait la mère en la devançant.

Elle soulève l'enfant et le donne d'autorité à Perle :

– Sors un peu, il a besoin d'air.

La fillette s'installe sur un tabouret, le bébé sur les genoux. Aussitôt il se met à pleurer. Son visage rond se déforme, rougit et, pour finir, Tommy pousse des cris stridents.

Perle lui tapote les fesses pour tenter de le calmer, mais ses langes sont trempés.

Beurk... !

– Fredonne-lui une comptine pour le distraire, conseille la mère par la porte ouverte.

– La la li lalère, tralalalère... La la li lalère, tralalalère... La la li lala !

Le poupon braille de plus belle.

– Il n'aime pas ta nouvelle chanson, et, très franchement, je ne peux pas lui en vouloir, commente la mère. Tu chantes tellement faux !

Le garçon rencontré plus tôt au bord du ruisseau arrive en sifflotant. Sa canne fièrement posée sur l'épaule, il brandit son trophée.

– Sa salopette est vraiment ringarde..., marmonne Perle.

– Je t'ai entendue, Biddy ! susurre-t-il en passant devant elle.

Puis il s'engouffre dans la masure voisine.

– La la li lalère, tralalalère... La la li lalère, tralalalère... La la li lala !

Perle berce toujours le nourrisson qui continue de s'égosiller.

Le garçonnet a réapparu. Il prend Tommy en rigolant :

– Ma pauvre Biddy, tu n'es vraiment pas douée. Laisse-moi faire.

Il assoit le poupon sur ses genoux et lui chantonne :

– Une poule a pondu un œuf...

Il touche un orteil du bébé hurleur :

– Celui-là l'a vu...

Puis il lui caresse le deuxième orteil :

– Celui-là l'a ramassé...

Puis le troisième :

– Celui-là l'a fait cuire...

Le marmot a cessé de pleurer.

– Celui-là l'a mangé...

Tommy sourit à présent :

– Et le tout petit n'a rien du tout !

Des babillements joyeux ont remplacé les cris.

– Tu vois, ce n'est pas si compliqué, fanfaronne le blondinet tout en rendant à Perle un bébé apaisé.

– Pfff..., soupire la fillette.

Juste à ce moment-là, la mère sort sur le pas de la porte, le panier pour la grand-mère à la main.

– Tiens, Hans, tu es là ? Comment vas-tu aujourd'hui ?

– J'ai un petit creux, répond-il en lorgnant les provisions. Ça sent drôlement bon...

– Sacré coquin ! s'exclame la mère d'un ton enjoué. Entre, je vais voir s'il ne reste pas un morceau de pain tout chaud pour remplir ton ventre affamé.

Ils ne parlent que de manger dans ce pays...

Perle est terriblement déçue.

Où sont les longues robes en soie, les bijoux étincelants, les bals à la cour du roi ? Ambre et Lili m'ont raconté de si belles histoires sur le monde des contes de fées...

Tout à coup, la fillette sursaute. Une femme gracieuse entre dans le village sur un beau cheval blanc. Elle est accompagnée d'une demi-douzaine de cavaliers en tuniques mauves bordées de galons dorés.

Sur leur passage, le forgeron et le savetier, la crémière et la fermière, tous les

villageois saluent très bas la mystérieuse cavalière.

Assise en amazone sur sa jument, elle est vêtue d'une magnifique robe en velours mauve. Ses cheveux blonds, peignés en deux grosses nattes, encerclent sa tête telle une couronne. Elle porte une

très élégante cape violette assortie à des bottines en cuir souple.

Quand la dame s'approche, Perle oublie de faire la révérence, car elle est éblouie par sa beauté.

Hans lui chuchote de vite rentrer se cacher dans la chaumière.

Trop tard ! La femme l'a repérée.

– HALTE ! crie-t-elle.

Les cavaliers marquent aussitôt l'arrêt devant la modeste maison. Leur maîtresse observe fixement Perle et Tommy.

– Comment as-tu réussi à faire sourire ce bébé ? demande-t-elle avec autorité.

– Heu... Il est... Enfin..., bafouille la fillette. Je... ne... sais... pas.

– Cet enfant est *joyeux*, insiste la femme d'un air hautain. Comment t'y es-tu prise ?

Je ne m'y prends pas si bien... Si vous saviez...

Tommy s'agite dans les bras de Perle comme s'il avait lu dans ses pensées.

– J'ai un nourrisson moi aussi, continue la belle dame. Il est pâle et triste. Il ne sourit JAMAIS. Quel est ton nom ?

– On m'appelle Biddy, Votre Majesté.

– On dit « Votre Altesse », coupe sèchement un des gardes. Et tu dois saluer notre duchesse chaque fois que tu la croises.

Perle se lève et fait la révérence en tremblant. Elle a peur que sa gaffe ne lui cause des ennuis.

Pourvu qu'ils ne me coupent pas la tête ou qu'ils ne me jettent pas dans un cachot...

– Présente-toi au château dès demain, ordonne la noble dame. Je te nomme *nourrice officielle* de mon enfant. Et je compte sur toi pour le faire sourire.

Sans attendre la réponse de Perle, elle reprend son chemin.

3

– Oh, ma pauvre, soupire Hans, te voilà dans de beaux draps ! Je préférerais être dévoré par les loups ou piétiné par une horde de sangliers enragés plutôt que de travailler pour la duchesse.

– Pourquoi ? s'inquiète Perle en berçant Tommy. Quel est le problème ?

– Mais, Biddy, tu sais bien que c'est une femme hyper méchante.

– Tu en es sûr ? C'est peut-être simplement une rumeur !

Hans glisse ses pouces sous les bretelles de sa salopette et l'observe d'un air ahuri :

– Tu plaisantes, j'espère ? Elle est fourbe et rusée, pire qu'une vipère. Et il paraît qu'elle mange ses serviteurs au petit déjeuner.

Hou là là, ça me rappelle cette histoire de sorcière que racontait Lili...

– Elle m'a paru autoritaire, mais pas dangereuse.

– Je t'assure qu'elle l'est.

Tommy se met à pleurnicher et Hans le prend pour le calmer.

– Tu ne te souviens pas de l'incident du mois dernier ? *Son Altesse* a réquisitionné toutes les mères du village pour qu'elles viennent chanter une berceuse afin d'endormir son satané gamin !

– Non. Que s'est-il passé ?

– Les malheureuses ont fredonné

pendant des heures : « Do do, l'enfant do ». Le bébé n'a pas bâillé une seule fois ! Comme il ne s'endormait pas, la duchesse a fait évacuer les mères à coups de bâton.

– Oh ! C'est affreux !

Le blondinet acquiesce :

– Tu comprends pourquoi je voulais que tu te caches tout à l'heure ? Dommage que tu ne m'aies pas écouté !

– Et maintenant je suis obligée de travailler pour elle, murmure Perle.

– Ouais, et dans ta spécialité en plus, ricane Hans en lui rendant Tommy. Hé, la nounou, fais attention, il va vomir !

Perle maintient le nourrisson à distance, en grimaçant de dégoût.

– Je plaisantais ! s'esclaffe le garçon.

– Ta blague n'est pas drôle... Je suis déjà inquiète. Je vais être *nourrice officielle*, et je n'aime même pas les bébés !

– Allons, allons, Biddy, déclare la mère qui sort de la chaumière, bien sûr que tu adores notre Tommy. Donne-le-moi que je le fasse manger. Et cours vite chez ta grand-mère lui porter son pot de beurre. Il est en train de fondre, avec ce soleil !

Perle suit le cours du ruisseau, comme sa mère le lui a indiqué. Elle se pose tout un tas de questions.

Dans quel conte merveilleux suis-je tombée ? Qui est cette Biddy ? Je voudrais tant avoir une fée comme marraine plutôt que cette famille de paysans !

Soudain, elle aperçoit le sentier qui mène à la forêt. Elle part dans cette direction sans se douter que deux terrifiants yeux jaunes, dissimulés dans les fourrés, surveillent ses moindres gestes.

Perle est fatiguée de porter le panier. En plus, elle n'est pas sûre d'avoir pris le bon chemin.

Je ne sais même pas où habite la grand-mère.

Le village est hors de vue à présent. La fillette s'assoit dans l'herbe et frissonne, découragée.

Même si je rencontre quelqu'un, je ne pourrai pas lui demander ma route pour aller chez ma propre mamie. Ça paraîtrait trop bizarre.

De toute façon, il n'y a pas âme qui vive. Ni à la lisière du bois, ni près du ruisseau. Juste deux vaches marron qui ruminent en silence, quelques oiseaux qui sautillent de branche en branche et un écureuil roux qui détale entre les arbres.

Toujours à l'affût dans les broussailles, les deux cruels yeux jaunes restent fixés sur la fillette.

Perle se relève.

Allez, ma vieille, ne sois pas froussarde. Ce sentier mène bien quelque part.

Mais à peine a-t-elle commencé à marcher sous les grands chênes qu'elle se rend compte que la forêt comporte plus d'un chemin.

Dois-je prendre celui qui continue vers la droite ? Ou celui-là, tout droit ? Ou cet autre qui part vers la gauche ?

Finalement elle choisit de suivre des traces de sabots dans la boue, DROIT DEVANT !

Au fur et à mesure qu'elle s'enfonce dans les sous-bois, le soleil a de plus en plus de mal à percer la végétation. La fillette essaie de ne pas paniquer avec les ombres créées par l'obscurité. Elle ne voit plus bien les racines par terre et trébuche tous les deux mètres.

– Tralalilalère, fredonne-t-elle en serrant son panier contre elle.

Soudain, une branche morte craque dans son dos.

Perle s'arrête net et se retourne pour scruter les fourrés. Elle voudrait se persuader qu'elle n'a pas du tout peur, mais ce serait faux. À chaque nouveau pas, elle se sent plus seule et encore plus effrayée...

– HOU ! HOU !

Une chouette passe en rase-mottes au-dessus de sa tête. Son hululement fait bondir la fillette en arrière.

CRAC ! Un autre bruit de pas.

Perle est à présent persuadée qu'une créature la suit.

Un animal ? Un bandit ?

Elle entend soudain un bruit régulier dans le lointain : TAP, TAP, TAP !

Trois coups successifs, puis un silence, puis le martèlement reprend.

– Qu'est-ce que c'est que ça ? dit-elle tout haut.

TAP, TAP, TAP ! Une pause. TAP, TAP, TAP !

La fillette reconnaît enfin le bruit, c'est celui d'une hache qui fend du bois.

Elle quitte le sentier sans réfléchir et se précipite dans la direction des sons qui claquent au vent. Derrière elle, la créature aux yeux jaunes la suit, avançant silencieusement sur les coussinets de ses pattes.

– Hé ! s'écrie Perle en apercevant un bûcheron dans une clairière. Monsieur, monsieur, aidez-moi à retrouver mon chemin !

L'homme se redresse et s'appuie sur le long manche de sa hache. Il porte une tunique en cuir marron et des bottes noires. Une jolie plume de faisan décore le bord de son chapeau.

– Biddy ! Mais qu'est-ce que tu fais là ? dit-il en la voyant s'élancer vers lui. Comment as-tu pu t'égarer aussi loin ?

– Je... Je... crois que j'ai per... perdu ma route, balbutie la fillette. Maman m'a dit d'aller porter ce panier de victuailles à ma grand-mère et...

– Et, comme d'habitude, tu avais la tête ailleurs, complète le bûcheron.

Il éclate de rire. *Biddy est une enfant tellement rêveuse*, commente-t-il en son for intérieur.

Puis il abat sa hache sur une bûche, qui se fend en deux. Il s'empare des morceaux et les empile sur les autres en un tas parfaitement rectangulaire.

– Viens, dit-il à Perle en posant son outil sur le sol parsemé d'éclats de bois, je vais t'indiquer le bon chemin.

Enfin un peu de chance ! J'ai vraiment cru que je ne m'en sortirais jamais !

La fillette suit le bûcheron en courant presque, car il avance à pas de géant.

– Et voilà ! Tu reconnais le sentier maintenant ?

S'arrêtant pour reprendre son souffle, elle constate qu'ils sont arrivés de l'autre côté de la forêt.

– La chaumière de ta grand-mère est juste derrière le moulin, après le coude que fait la rivière.

Il regarde Perle avec un sourire étonné :

– C'est quand même bizarre ! Tu vas lui rendre visite presque chaque jour. Comment as-tu pu t'égarer ?

– Je ne le sais pas moi-même. J'avais peut-être la tête ailleurs, comme vous l'avez dit. Merci, en tout cas.

– Bon, sois prudente au retour, ma petite. Souviens-toi qu'il peut rôder dans ce bois un terrible danger.

– Un danger ? répète-t-elle en scrutant les arbres et les arbustes.

– Oui. Quand le loup descend des montagnes, poussé par la faim, il se cache ici.

Je te conseille de rester sur tes gardes en rentrant chez toi.

Derrière un rideau de broussailles, la créature aux yeux jaunes passe la langue sur ses énormes crocs.

– D'accord, je ferai bien attention ! s'exclame Perle. Encore merci pour votre aide !

Puis elle repart en direction des ailes blanches du moulin, ignorant tout de la bête tapie dans les fourrés.

4

– AAARRRGGGGHHHHH ! hurle Hans en bondissant de derrière un buisson.

Perle se fige, terrorisée. De frayeur, elle lâche son panier en osier :

– Ah !

– Hé, hé ! Je t'ai bien eue ! lance le blondinet en brandissant des doigts crochus pour imiter les griffes d'un loup.

La fillette se baisse et essaie tant bien que mal de remettre d'aplomb la tarte aux pommes.

– Qu'est-ce que tu fabriques par ici ? demande-t-elle, dépitée de voir le gâteau brisé.

– Je suis venu prévenir mon père que le repas est prêt. Et puis, je t'ai vue rêvasser et chercher ton chemin, explique-t-il en croisant les bras. Tu ne serais pas un peu nunuche ?

– Nunuche toi-même ! se fâche Perle. Pour qui tu te prends ?

La fillette est furieuse. Elle soulève son panier et jette un coup d'œil vers le moulin. Elle a hâte d'arriver à la maison de la grand-mère.

– Hou ! Hou ! ricane Hans.

– Va-t'en, espèce d'idiot, lui crie-t-elle. Tu n'es pas drôle.

Elle attend qu'il ait tourné les talons pour marmonner :

– Je ne m’amuse absolument pas dans le monde des contes de fées ! Je m’égare dans une forêt dangereuse, je suis recrutée par une duchesse autoritaire et je ne sais même pas quel personnage je suis !

La paire d’yeux jaunes continue de la suivre à distance. De la bave scintille sur les mâchoires acérées de la bête.

– Miaou..., miaule un chaton tigré en venant se frotter contre la jambe de Perle. Miaou... Miaou...

Elle se baisse pour le caresser.

Cette petite bête a l'air de me connaître !

Soudain, une voix forte appelle l'animal :

– Tilly ! Tilly ! Tilly !

Perle aperçoit alors une vieille femme près de la clôture d'un jardin.

– Miaou... Miaou..., répond le chaton, qui s'était caché sous la jupe à fleurs de la fillette.

– Ah, mon chaton, tu es là ! Et toi aussi, ma belle Biddy ! Viens vite embrasser ta mamie !

La grand-mère ne tient pas en place. Elle virevolte dans sa cuisine, sort des plats, beurre des tartines et... n'arrête pas de jacasser comme une pie.

– Biddy, attrape le jambon. Sers-toi du thé. Va te réchauffer près de la cheminée.

Perle est étourdie devant tant d'agitation. Elle n'ose pas bouger et contemple les rangées de pots de confiture de mûres alignés sur une étagère, tout en respirant les délicieuses odeurs qui s'échappent de la cocotte en fonte.

– Ta maman sait que j'adore ses tartes aux pommes, ajoute la vieille femme, aussi haute que large.

Puis elle sort du panier de la fillette le gâteau brisé en plusieurs morceaux.

– Ce satané Hans va m'entendre ! Il m'a fait peur et j'ai lâché le panier, explique Perle.

– Ne t'inquiète pas, Tilly va se régaler !

– Miaou..., confirme le chaton.

– Maman t'a envoyé aussi ce petit pot de beurre en me précisant que le lait vient de notre vache Daisy, ta préférée.

– C'est bien vrai ! Comme ta mère est gentille, elle n'oublie jamais les choses dont je raffole. Toi aussi, tu es dévouée, ma petite, et peu importe ce que les gens racontent sur toi !

– Que racontent-ils ? l'interroge Perle en rougissant.

Elle baisse les yeux vers son assiette remplie de pudding.

– Eh bien, que tu as toujours la tête dans les nuages ! Ton institutrice m'a expliqué que tu es sans cesse en train de rêvasser, de t'imaginer que tu deviendras une princesse !

– Qui sait ? réplique Perle, la bouche pleine.

C'est bien ce qui est arrivé à Ambre et à Lili, pourquoi pas à moi ?

– Tu as raison, Biddy. Qui sait si un jour un prince ne traversera pas la prairie et ne tombera pas amoureux de toi ? Tu es si jolie avec tes cheveux soyeux.

– Oui, exactement ! s'exclame Perle, convaincue que le monde des contes de fées lui réserve une surprise. Mamie, j'ai des nouvelles à t'annoncer !

La grand-mère l'observe avec curiosité :

– Laisse-moi deviner... La laitière Irma est amoureuse de mon voisin Miller ?

– Non, non.

– La nouvelle vache du fermier Meade s'est échappée ? On a retrouvé le petit chien de Lydia East ? Je sais… les meules de foin de John ont encore été saccagées par des garnements.

– Non, non, mamie, ça me concerne !

– Toi ?

– Oui, la duchesse m'a proposé du travail au château !

– Mais c'est formidable, s'écrie la vieille femme en applaudissant. Ma petite ! Au château ! Quelle aubaine !

Au moins, quelqu'un dans ce village se réjouit pour moi, songe Perle.

– C'est une bonne nouvelle, n'est-ce pas ?

– Excellente ! Le château est rempli de jeunes princes séduisants et riches. Ils sont actuellement les hôtes du duc et de la duchesse. Et dis-moi, ma belle Biddy, tu es embauchée comme servante ou comme cuisinière ?

– Non, en fait, je devrai m'occuper de leur bébé.

Le visage de la grand-mère devient très pâle. Mais elle se reprend en toussotant :

– Ma foi, ce bébé a du sang royal, puisque le duc est le frère du roi. Et les charmants jeunes gens de la cour vont tous vouloir te connaître. Je les entends déjà d'ici : « Qui est cette charmante nourrice aux beaux cheveux soyeux ? » Et toi, tu passeras ton temps à faire des révérences et à porter de jolies robes !

Perle est aux anges. Elle va finalement vivre la vie de princesse dont elle rêve.

– Mamie, je dois rentrer à la maison.

– Oui, dépêche-toi, il faut que tu sois revenue chez ta mère avant la nuit tombée ! Attends une seconde, je vais te chercher quelque chose...

La vieille femme marche d'un pas alerte vers une armoire branlante et en sort une cape d'un rouge vermillon :

– Mets ça, Biddy. En fin de journée, le froid s'installe vite.

– D'où tiens-tu ce magnifique vêtement ? demande la fillette en tâtant l'étoffe en laine, épaisse et douce.

– Je mettais ce chaperon quand j'étais jeune, pour faire du cheval et voyager. Il a été fabriqué sur mesure par la meilleure couturière du duché. Regarde les finitions, c'est brodé main.

– C'est un trop beau cadeau..., hésite Perle en le posant sur ses épaules.

– Biddy, tu es mon unique petite-fille et tu es désormais en âge d'en profiter. Les dames de la cour vont te l'envier.

Perle remonte sa capuche.

Quelle gentille grand-mère...

Soudain, la fillette a une illumination.

Comment n'ai-je pas compris plus tôt ? Un pot de beurre... Des rumeurs sur un loup errant dans le bois... Cette cape que la grand-mère appelle chaperon... avec laquelle je ressemble à un... vrai... petit chaperon rouge !

Oh... NON !

Le cœur de la fillette bat soudain très vite.

– Allez, ôte ton châle, tu n'en as plus besoin, suggère la mamie.

Perle tire sur le vieux bout de tissu en soie et le fait glisser au sol.

La grand-mère applaudit de joie en la contemplant :

– Tu es ma-gni-fi-que, ma chère Biddy. À partir de maintenant, ton surnom sera « le Petit Chaperon Rouge » !

5

– Zut ! marmonne Perle en se dirigeant vers la forêt, jamais je ne pourrai être une princesse, puisqu'il n'y en a pas dans le conte du Petit Chaperon Rouge...

Cette histoire bébête pour faire peur aux enfants avec le loup. Pfff... Ridicule ! songe-t-elle en entrant dans le bois.

Dans les fourrés, un animal au corps agile se faufile rapidement. Ses yeux jaunes brillent de convoitise.

Perle ne le voit pas, mais elle sent une présence hostile. Son cœur s'emballe.

– HOU ! HOU !

Le hululement recommence, comme si la chouette voulait la mettre en garde.

Oh là là, ma vieille, tu te fais des idées...

Mais le rapace repasse deux fois en rase-mottes. Perle qui ignore quelles sont les intentions de l'oiseau, se protège le visage. Ami ou ennemi ?

– HOU ! HOU ! Fais... at... ten... tion...

Je rêve, ou la chouette vient de prononcer une phrase ?

Tout à coup, la fillette aperçoit sur le bord du chemin un gros lapin blanc dont le museau remue en tout sens.

Quand elle passe à côté de lui, elle l'entend murmurer :

– Que fais-tu si tard dans cette forêt ?

Non, mais c'est pas vrai ! Un lapin blanc

qui parle ? Je ne suis pourtant pas dans Alice au pays des merveilles *!*

La petite boule de poils accompagne la fillette sur quelques mètres.

– Par la grâce de mes moustaches, un danger rôde par ici ! Sauve-toi...

Puis il détale vers un buisson.

Perle n'en croit pas ses oreilles, surtout quand la chouette chantonne :

– Regarde de... de... derrière toi, mon chou, hou ! hou ! hou !

Des animaux doués de parole, c'est impossible. Il faut que je me réveille...

Perle sait pourtant qu'elle ne dort pas : l'aile de la chouette vient de l'effleurer.

– Écoute mon conseil, hou ! hou !

La fillette s'arrête et se retourne. La lune scintille entre les cimes. Il n'y a rien aux alentours, sauf peut-être une étrange lueur jaunâtre, là-bas, dans le sous-bois.

La créature s'aplatit sur le sol afin de ne pas être repérée. Elle attend son heure pour attaquer. La forêt est immense et profonde... Et sa proie s'y enfonce à chaque pas davantage...

Perle a froid. Elle serre la cape autour de son corps et accélère la cadence.

La nuit tombe et les arbres deviennent des ombres menaçantes. La fillette a de plus en plus de mal à voir où elle pose le pied.

Elle commence à avoir peur. Soudain, une voix joyeuse s'élève au loin.

– Papa, j'ai une devinette pour toi ! Que dit un papillon amoureux à une chenille ?

C'est Hans. Il porte un gros fagot de bois pour aider son père, fatigué.

Dans les fourrés, la créature grogne de dépit. Ces deux humains contrarient ses plans. Son ventre affamé gargouille. *Mieux vaut remettre à demain*, se dit-elle. *Petit Chaperon Rouge, tu ne perds rien pour attendre.*

– Que pourrait dire un papillon amoureux à une chenille ? Je ne sais pas... Je donne ma langue au chat, fiston !

– « Quand je vous vois, je me sens pousser des ailes ! » répond Hans en riant.

Il aperçoit alors Perle sur un sentier.

– Hé ! Toi ! Tu es perdue ? Quelle bonne blague ! se moque le garçon.

– Il n’y a rien de drôle. Je rentre à la maison moi aussi.

Elle refuse d’avouer qu’elle est bien contente de les trouver sur sa route.

– Alors, Biddy, encore dans les nuages ? demande le bûcheron d’un ton taquin.

– Ce n’est pas nouveau, rétorque Hans.

– Arrête un peu, Hans, s’il te plaît, le réprimande son père. Tu es très jolie, Biddy, avec cette cape rouge. Mais tu n’as pas tenu compte de mon conseil. Que fais-tu dans la forêt à cette heure tardive ?

– Ma grand-mère a été si bavarde que je n’ai pas pu partir tôt...

– Ta grand-mère est un vrai moulin à paroles ! s’exclame le bûcheron.

– Ouais, renchérit Hans, une vraie pipelette !

– C’est toi, la pipelette, lui lance Perle en les suivant.

6

Le château du duc et de la duchesse est perché sur une colline escarpée, à quelques kilomètres du village.

Le jour vient de se lever. Les oiseaux gazouillent dans les branches du chêne malgré la pluie qui menace.

– Ne sois pas en retard, recommande la mère de Biddy, le petit Tommy dans les bras. Sois sérieuse dans ton travail et toujours bien ordonnée.

Perle se sent nerveuse en enfilant sa cape rouge.

– Maman, la duchesse a-t-elle vraiment aussi mauvais caractère qu'on le dit ? C'est vrai qu'elle était en colère contre les nourrices précédentes et qu'elle les a violemment chassées du palais ?

– Hou là là, je vois que Hans t'a encore raconté des salades ! Personnellement, je n'ai jamais rien entendu de pareil.

Mais le ton désinvolte de la mère sonne faux. Son rire gêné inquiète la fillette plutôt que de la rassurer.

– Fais ce que te demande la duchesse, et tout se passera bien, insiste la mère en attrapant fermement Perle par le coude. File, maintenant ! Si tu obéis à la duchesse, ta fortune est faite !

– Mais, maman, si elle exige de voir son bébé sourire et que je ne parviens pas à l'amuser ?

– Tu réussiras, j'en suis sûre. Chante-lui des berceuses, chatouille-le sous la plante des pieds, ça marche à tous les coups !

– J'espère..., murmure Perle en lorgnant le sentier à flanc de coteau, qui se termine par un long escalier en zigzag menant à l'entrée du château.

– Au revoir, ma petite... Et souviens-toi : chansons et chatouillis !

Aux quatre coins de l'énorme bâtisse, des tours aux toits pointus se dressent dans un ciel chargé de nuages gris.

Brrr... Mauvais présage...

Trois cent treize marches conduisent au portail principal.

– Trois cent neuf, trois cent dix...

Perle est essoufflée d'avoir compté à voix haute. Le vent se lève et rejette sa capuche en arrière.

– Trois cent onze, trois cent douze, trois cent treize ! OUF !

Un heurtoir en bronze à tête de lion orne la gigantesque porte. Alors que la fillette s'approche pour toquer, le battant s'ouvre avec un grincement. Un vieux laquais en habit de velours violet accueille Perle avec rudesse. Il a sur la tête une perruque blanche et frisée style Louis XVI.

– Qui es-tu ? demande-t-il d'un ton sec.

– Je viens m'occuper du bébé de la duchesse. Sur son ordre.

– Avec cette cape *rouge* ? réplique l'homme sur un ton méprisant. La nouvelle nourrice ? Dans cet accoutrement couleur de sang ?

– Où est le problème ?

Le valet lève les yeux au ciel, exaspéré :

– La duchesse *ne supporte pas* le rouge. Elle n'aime que le violet et le doré, ce sont les deux seules teintes majestueuses selon elle !

Finalement, il consent à laisser Perle pénétrer dans le palais.

Ça se voit qu'elle adore ces couleurs !

L'immense hall d'entrée est peint en violet du sol au plafond. Les rideaux sont rayés de parme et d'or et un épais tapis mauve recouvre le sol en pierre.

– Donne-moi ta cape et enfile ce tablier, ordonne le vieux serviteur.

Obéissante, la fillette attache le vêtement autour de sa taille sans un mot.

– Suis-moi à la nursery.

Perle grimpe un escalier dont la rampe en cuivre étincelle, puis elle longe un couloir aux murs dorés.

– Voici la chambre du duc, et là, à droite, celle de la duchesse. Tout au fond, celle de l'enfant.

– Waouh ! s'exclame Perle en entrant, comme c'est beau !

La pièce ressemble à un cocon violet. Au milieu trône un berceau à bascule en acajou, décoré de feuilles d'or.

– Le bébé est endormi, déclare le laquais d'une voix peu aimable. La duchesse passera à midi pile pour voir si tu as réussi à le faire sourire.

Il se retourne pour s'en aller, mais Perle l'interpelle :

– Attendez ! Où sont ses jouets ? Ses hochets ?

– Quels jouets ? dit l'homme en fronçant les sourcils.

– Même pas un doudou ?

– C'est quoi, *un doudou* ?

– Bon, bon, j'ai compris... Il n'y a pas de jouets, marmonne la fillette en s'approchant de l'enfant sur la pointe des pieds. Souhaitez-moi au moins bonne chance.

Pour la première fois, le valet laisse son attitude hautaine de côté pour s'adresser à elle avec gentillesse :

– Ma pauvre petite, il te faudra davantage que de la chance.

– Qu'est-ce que vous voulez dire ?

Perle jette un coup d'œil inquiet au bébé grincheux.

– Tu es la troisième nourrice depuis le début de la semaine, explique l'homme, gêné. Nous avons eu Héléna, ensuite Marie, et maintenant toi.

– Heu... Que leur est-il arrivé ? demande la fillette dont l'angoisse grandit.

– Elles ont essayé de le faire sourire, l'une après l'autre. Sans succès... Pas la moindre risette ! La duchesse les a...

– ... violemment chassées du palais, à ce qu'on raconte.

– Pire !

– Quoi ? Elle les a jetées dehors à grands coups de pied ?

– Cela aurait été préférable ! Mais...

– Elle les a emprisonnées tout en haut d'un donjon ?

– Si ce n'était que ça !

– Pire que… le… cachot ? balbutie la fillette.

– Oh, je ne devrais pas te le dire, soupire le serviteur. Elle les a abandonnées dans la forêt et livrées en pâture au loup !

7

Perle se penche au-dessus du berceau doré du bébé.

Emmailloté dans des langes blancs, il dort bien au chaud sous une couverture mauve. Il ronfle comme une locomotive, ce qui est inhabituel pour un enfant de cet âge. Des boucles blondes entourent son visage tout rond.

Il ressemble à Tommy. Il ressemble à n'importe quel nourrisson. Pourquoi ne sourit-il pas ?

La fillette ne sait pas comment s'y prendre.

Est-ce que je le réveille pour le chatouiller ? Non, il ne vaut mieux pas...

Elle fait le tour de la chambre et regarde par la fenêtre. Au milieu des collines boisées la rivière serpente, pareille à un ruban argenté.

Le son d'un cor de chasse retentit dans la vallée et Perle aperçoit quatre cavaliers pourchassant un cerf.

– Pauvre bête, murmure-t-elle, j'espère qu'ils ne te tueront pas...

Un des chasseurs souffle de nouveau dans le cor et le bruit strident réveille le fils de la duchesse.

– Ouin... Ouin..., pleurniche-t-il en ouvrant des yeux d'un bleu profond, presque violet.

– Chuuuut, je suis là, je suis là, lui chuchote Perle en balançant doucement la nacelle pour le calmer.

Oh là là, je suis surtout dans de beaux draps !

– Ouin... Ouin..., s'égosille le bébé en fixant la fillette.

– Allez, viens dans mes bras, dit-elle en le soulevant avec douceur.

Il pèse son poids. Elle remarque que ses doigts et ses orteils sont dodus comme les petites saucisses que sa mère prépare à l'apéritif quand les parents de Lili et Ambre sont invités. En cet instant précis, Perle voudrait être chez elle, devant la télé, et pas dans un conte de fées qui vire au... cauchemar !

– Tu veux que je chante un peu ?

Pour toute réponse, le nourrisson se met à pousser des cris.

– Ccchhhuuutttt, ne pleure pas, supplie la fillette en le berçant.

Elle s'assoit, le cale bien sur ses genoux et fredonne :

– Une poule a pondu un œuf...

Elle lui touche le pouce :

– Celui-là l'a vu.

Elle ouvre la paume de sa main et déplie l'index du bébé :

– Celui-là l'a ramassé...

Intrigué, le nourrisson cesse ses hurlements.

– Celui-là l'a fait cuire...

Un sanglot s'étrangle dans sa gorge.

– Celui-là l'a mangé...

Au quatrième doigt, le marmot semble calmé.

– Et le tout petit n'a rien du tout ! Alors, ça te plaît ?

Il la regarde et pousse un vagissement de plaisir.

– Bien ! On recommence et je veux te voir SOURIRE ! Une poule a pondu un œuf...

– Bravo ! s'exclame le vieux laquais qui a passé la tête par l'entrebâillement de la porte. Tu ne t'es pas trop mal débrouillée pour un début, je n'ai entendu le bébé pleurer qu'une seule fois.

– Merci.

La pauvre enfant est épuisée. Elle a chanté une dizaine de comptines, a chatouillé le bébé sous la plante des pieds, dans le cou, sur les côtes, mais pas le moindre éclat de rire. De guerre lasse, elle soupire :

– Venez voir, je vous en prie. Diriez-vous qu'il sourit ?

Le serviteur entre et scrute attentivement le visage du poupon :

– Il a une fossette sur la joue droite et une petite lueur coquine dans l'œil gauche. Oui, on pourrait presque dire qu'il sourit...

– Pfff ! Ce n'est pas sympa de vous moquer de moi ! Je fais ce que je peux.

En entendant les cavaliers revenir de la chasse, Perle se poste près de la fenêtre, le bébé dans les bras. Pour le distraire, elle lui montre les arbres et la rivière qui scintille au fond du vallon.

Mais, en bas, la cour résonne des paroles des palefreniers qui courent en tous sens. Des portes claquent ; les chevaux, fatigués, hennissent.

Le vacarme affole l'enfant, qui se remet à pleurer :

– Ouin... Ouin...

– Zut ! marmonne Perle en s'éloignant de la fenêtre.

Mais il est trop tard.

Comble de malchance, la duchesse entre à ce moment-là comme une furie.

– Espèce d'idiote ! Ton travail est de lui redonner le sourire, pas de l'effrayer.

– Je ne l'ai pas... J'ai voulu le..., bafouille la fillette. Il souriait presque il y a deux minutes, n'est-ce pas ?

Elle se tourne vers le laquais, qui, gêné, fixe le plancher en silence.

– Je vous assure... Nous étions en train de jouer... à « Une poule a pondu un œuf »...

– J'en ai assez entendu ! Donne-le-moi, ordonne la dame.

Elle attrape le nourrisson avec rudesse et appelle ses femmes de chambre d'une voix autoritaire.

Une dizaine de jeunes filles entrent, chargées de biberons à l'ancienne, d'anneaux de dentition et de langes propres. Mais toujours aucun jouet. Deux gardes armés de lances ferment la procession.

– Nourrissez-le et promenez-le au grand air ! s'écrie la duchesse.

Le marmot devient tout rouge et pousse de terribles cris de colère.

– Quant à cette écervelée, gronde la duchesse, emmenez-la dans la forêt !

Elle est de très mauvaise humeur, car le duc est revenu bredouille de sa partie de chasse. Il n'y aura pas de sanglier ni de cerf à servir aux convives pour le dîner.

– Abandonnez-la dans le coin le plus sombre du bois, que les loups se régalent !

– Par pitié ! NOOONNN ! supplie Perle.

Les deux soldats exécutent les ordres sans discuter. Ils saisissent la fillette par les bras et la tirent hors de la chambre, puis le long du couloir violet.

Dans le hall d'entrée, les gardes lâchent un instant Perle pour ouvrir la lourde porte. Le vieux valet, qui a pitié d'elle, lui tend sa cape rouge et lui murmure à l'oreille :

– Ce n'est pas si horrible que ça. Si tu ne veux pas te perdre, suis les conseils de la chouette.

La fillette acquiesce d'un hochement de tête muet, tétanisée par la peur.

– Souviens-toi, petite, demande ton chemin à la chouette et tu rentreras chez toi saine et sauve...

Les soldats reviennent vers Perle, l'attrapent de nouveau par les bras et la traînent vers la forêt.

8

– HOU ! HOU ! Fais... at... ten... tion... Hou... hou... Re... regarde sur ta gauche, hulule la chouette.

Perle sent qu'on l'observe et... que ce n'est pas la chouette. Des craquements de brindilles révèlent une présence hostile dans les sous-bois. La fillette a le cœur qui bat de plus en plus vite...

Le rapace plane au-dessus du sentier avec bienveillance.

– HOU ! HOU ! N'aie pas peur... Suis... moi...

Tremblant de tous ses membres, Perle se décide enfin à écouter les conseils de l'oiseau qui lui parviennent dans la brise du soir. Elle emprunte le sentier que lui indique la chouette depuis le ciel.

Alors, tous les animaux de la forêt, marmottes, écureuils, lapins, soupirent de soulagement en même temps.

Seul le loup peste contre l'aide fournie par le volatile ! Il ne quitte pas sa proie des yeux.

Le Petit Chaperon Rouge est à moi, se dit-il, *je vais la dévorer !*

Mais Perle ne perd pas de vue la chouette qui lui hulule :

– Arme-toi... d'un gros... bâton... Il te servira contre... ton ennemi...

La fillette suit aussitôt ce conseil.

– Jolie chouette, par où dois-je me diriger pour sortir d'ici ?

– N'entends-tu pas... le bruit de la cascade ? Suis... cette... direction... Va vers le sommet...

Perle hoche la tête. Elle a compris.

Elle va se fatiguer à grimper la colline, pense le loup, *et je me jetterai sur elle à ce moment-là !*

– Hou, hou... L'orée... du bois est... juste... après les chutes d'eau...

Une biche jaillit des fourrés et gambade devant la fillette comme si elle voulait lui montrer la route à prendre.

– Le loup est tapi dans l'ombre, l'avertit la biche, prépare-toi à te défendre.

– Dépêche-toi, insiste la chouette.

Perle se sert de son bâton comme d'une canne, parce que l'herbe est glissante et la montée est rude.

– KOA... KOA..., coasse une énorme grenouille verte, méfie-toi, le loup va bondir sur toi... Accélère !

La pauvre fillette est morte de peur. Elle se met à courir et accroche sa cape dans un buisson d'épines. Elle doit tirer sur le tissu pour se libérer et ne voit pas une grosse racine, sur laquelle elle trébuche.

Maintenant ! songe le loup en bondissant derrière elle.

Perle pousse un hurlement de terreur et recule. Elle recule tellement qu'elle... bascule dans la rivière !

Le courant l'emporte, mais le loup la poursuit sur la berge avec de puissants claquements de mâchoires. Heureusement, effrayé par l'écume et la force des tourbillons, il n'ose pas plonger.

La cape rouge de Perle gonfle tout autour d'elle. On dirait une énorme coccinelle emportée à toute allure par l'eau vive. Mais un autre danger guette la fillette : elle est entraînée vers les chutes !

– Par là, par là ! Prends ma main ! crie soudain une voix humaine.

Le loup s'arrête net en grognant de rage.

La fillette tend le bras dans la direction de la silhouette qui a surgi au bord de la rivière.

– Encore toi ! s'exclame-t-elle en reconnaissant Hans.

– Oui, encore moi, répond le garçon en la hissant sur la berge. Je t'attendais à la sortie du château, Petit Chaperon Rouge.

Le loup a un rictus de triomphe : *Hé ! Hé ! Deux enfants pour le prix d'un...*

– HOU ! HOU ! les prévient la chouette affolée en prenant son envol.

Hans est impatient de questionner celle qu'il vient de sauver :

– Alors ? La duchesse a piqué sa crise ? Elle t'a flanquée dehors ?

Perle s'ébroue comme un chiot mouillé.

– Oui, et elle m'a fait emmener dans la forêt pour me livrer en pâture au Grand Méchant Loup... On ferait bien de se méfier. Il rôde autour de nous. La chouette m'a déjà alertée...

L'animal rampe au milieu des fourrés, les yeux brillants de satisfaction : *Hé ! Hé ! Je suis là, sous votre nez, mes petits chéris, prêt à vous dévorer...*

Les lapins effrayés foncent vers leurs terriers en suppliant les enfants :

– Sauvez-vous vite !

Leurs jolies queues blanches font des bonds désordonnés au milieu de l'herbe verte.

La grosse grenouille lance un dernier coassement de mise en garde avant de sauter dans le torrent.

– Ce loup ne m'impressionne pas ! déclare Hans.

– Mais moi, SI ! s'exclame la fillette.

Elle cherche des yeux un chemin par lequel s'enfuir.

Le blondinet saisit alors sa hache, qu'il avait déposée contre un arbre. Il distingue les deux yeux jaunes cruels près d'un buisson, et il tient son outil tranchant pointé en avant.

– Viens par ici, Grand Méchant Loup, si tu l'oses !

L'animal s'avance... Il claque des mâchoires. Il fixe la lame brillante et semble prêt à l'attaque.

Perle est terrifiée : le loup, deux fois plus gros qu'un chien, paraît féroce. Il a une épaisse fourrure grise et sa gueule entrouverte laisse entrevoir des crocs acérés.

– Tu aimes la bagarre ? le provoque Hans en faisant tournoyer sa hache au-dessus de sa tête. Ceci n'est qu'un avant-goût !

Il saute sur un rocher pour dominer le loup, qui finit par reculer.

– À l'assaut ! s'écrie le fils du bûcheron avec détermination.

La hache s'abat et coupe l'extrémité de la queue recourbée de la bête, qui hurle de douleur.

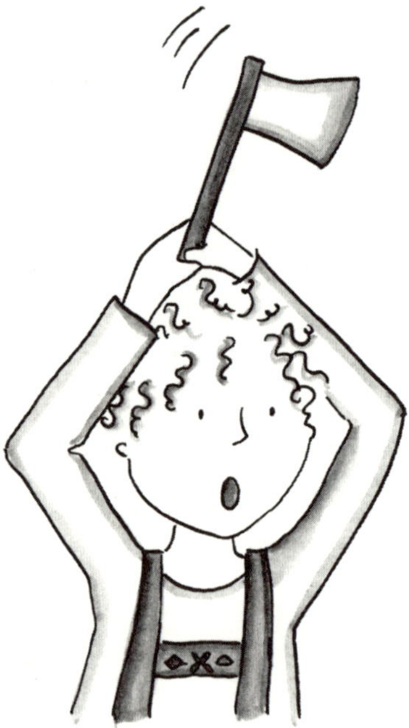

– Je t'ai eu, crie Hans. Tu rigoles moins, maintenant !

Le loup s'enfuit dans les sous-bois sans demander son reste.

Perle pousse un soupir de soulagement.

*

Les deux enfants se sauvent par l'autre versant de la colline en direction du village. La simple vue de la prairie couverte de pâquerettes où ruminent des vaches suffit à faire oublier à Perle sa grosse frayeur.

– Meuh, meuh, meugle une belle génisse rousse à leur passage, bien joué, Hans ! Tu es un héros, tu as sauvé le Petit Chaperon Rouge des griffes du Grand Méchant Loup...

9

TOC TOC TOC !

Le lendemain, tôt le matin, quelqu'un cogne à la porte de la chaumière.

– Va voir qui c'est, demande la mère du Petit Chaperon Rouge, je suis occupée avec Tommy.

Perle file pousser le battant : c'est Hans. Il est appuyé négligemment au montant en bois.

– Oh... mon héros ! s'exclame la fillette avec ironie.

– Oui, c'est moi, ton fier chevalier dans son armure étincelante, fanfaronne le garçon.

La fillette fait la grimace en contemplant sa salopette en peau de chamois et ses épaisses chaussettes de laine :

– Drôle de chevalier !

– Qui t'a sauvée du Grand Méchant Loup ?

– CHHHUUUT, ma mère n'est pas au courant.

Perle a expliqué à la brave femme qu'elle était trempée jusqu'aux os parce qu'elle avait glissé sur une branche et était tombée dans le ruisseau. Elle ne voulait pas l'inquiéter avec des histoires de crocs acérés et d'yeux jaunes cruels !

– Tu lui as quand même avoué que la duchesse t'avait fichue dehors ? chuchote Hans.

– Oui, bien obligée. Elle était déçue que je n'aie pas tenu plus d'une journée. Mais elle a dit que, comme ça, je pourrai rendre visite à ma grand-mère, aujourd'hui. Miller, son voisin, est passé ici à cheval ce matin. Il lui a dit qu'elle est malade.

Hans est contrarié :

– Ça ne me plaît pas que tu ailles chez ta mamie. Je ne pourrai pas veiller sur toi. Je dois accompagner mon père à la ville, c'est jour de marché.

– Pfff ! Je n'ai pas besoin d'un garde du corps, lance Perle en riant. Pardon... d'un chevalier.

– Tu parles ! Si je n'avais pas été là...

– Ne t'inquiète pas, je ferai attention à moi.

La fillette commence à s'habituer au monde du Petit Chaperon Rouge. Maintenant qu'elle connaît le chemin le plus court pour se rendre chez la grand-mère, elle a bien l'intention de ne pas traîner en route.

– Et ne recommence pas à rêvasser, la prévient Hans.

– Promis. Et pas de blagues stupides de ta part, d'accord ?

– Moi ? répond-il avec un sourire angélique. Jamais de la vie ! Un chevalier est toujours sérieux ! Bon, il faut que je file. Passe le bonjour à ta mamie.

Sur ces bonnes paroles, Hans court derrière la carriole de son père tirée par deux ânes et saute dedans en faisant au revoir de la main.

– Ta grand-mère adore mon riz au lait, déclare la maman du Petit Chaperon Rouge en finissant de ranger les victuailles dans le panier en osier. Explique-lui que je l'ai bien sucré comme elle aime et qu'il est préparé avec du bon lait de...

– ... la vache Daisy. Oui, je sais, complète Perle.

– Et n'oublie pas de lui dire que j'ai mis un pot de miel au fond à côté des abricots secs.

Puis elle tend sa cape à sa fille avec une dernière recommandation :

– Ne t'attarde pas dans la forêt.

Perle s'en va le cœur léger en direction de la prairie.

Les vaches meuglent de plaisir sur son passage :

– Bonjour, Petit Chaperon Rouge. Profite de ce beau soleil !

– J'en ai bien l'intention, leur répond la fillette en cheminant d'un pas alerte.

Quand elle arrive à l'orée du bois, deux colombes grises la mettent en garde.

– Sois prudente, roucoulent-elles, ne t'écarte pas du chemin.

– C'est promis, leur répond gaiement Perle.

Tout est calme et serein. Des petits lapins sautillent au milieu de l'herbe, un écureuil grimpe à toute allure le long d'un tronc d'arbre.

Mais cette harmonie est soudain brisée par le vacarme des cors de chasse et le passage d'une demi-douzaine de cavaliers qui filent entre les arbres à un train d'enfer. Les animaux, effrayés, s'enfuient dans toutes les directions, laissant Perle seule.

– Plus vite, plus vite, hurle le duc en cravachant sa jument.

Il porte une veste de fourrure et une toque violette piquée d'une plume de faisan. Les gentilshommes qui l'escortent galopent comme des fous.

– Le cerf a dû s'enfuir vers la vallée ! crie le duc. Par ici, les amis, taïaut ! taïaut ! taïaut !

Les chasseurs passent en trombe près de Perle. Leurs chevaux, en sueur, ont les yeux exorbités à cause des violents coups d'éperons que leurs cavaliers n'arrêtent pas de leur flanquer.

Pfff ! Le duc est aussi méchant que sa femme !

Le calme revient progressivement dans la forêt.

Le Grand Méchant Loup a dû avoir la trouille de sa vie s'il traîne dans le coin. Au moins, ils auront servi à quelque chose...

Mais Perle n'est qu'à moitié rassurée. Elle scrute les abords des broussailles avec appréhension. Mais elle n'y voit aucune créature monstrueuse... Au loin, le son du cor de chasse résonne encore.

Tout à coup, au bout du chemin, un craquement de branches fait sursauter la fillette.

– Qui va là ? s'écrie-t-elle, apeurée.

Elle tient son panier contre sa poitrine et avance avec méfiance.

Un bruissement de feuilles mortes la cloue sur place.

– Hans, c'est toi ? Tu n'es pas drôle ! J'en ai marre de tes blagues à trois sous !

Effrayée, Perle reprend sa progression en tremblant.

– Hans, sors des fourrés ! Tu m'énerves, maintenant.

Elle sent une présence là-bas, à droite du chemin, derrière cet énorme buisson enchevêtré de lierre.

Je ferais mieux de me trouver une arme pour me défendre. Apparemment, le Grand Méchant Loup n'a pas renoncé...

Elle ramasse un gros bâton par terre et le brandit devant elle.

– N'aie pas peur de moi, Petit Chaperon Rouge, souffle une voix douce.

– Qui êtes-vous ? Sortez de votre cachette ! ordonne Perle en s'efforçant de prendre un air assuré.

Elle s'approche de l'épais taillis en frissonnant.

– Je suis trop faible pour continuer à courir à travers bois, murmure la créature, si faible... Le duc et ses hommes m'ont pourchassé avec tellement de férocité.

La fillette distingue alors une ramure majestueuse.

– Un cerf ! Vous êtes un cerf, chuchote-t-elle, émerveillée par la gracieuse allure de l'animal.

– Les hommes sont si cruels, gémit le noble mammifère au poitrail roux. Ils me surnomment le roi des forêts, mais me chassent comme un vulgaire renard.

– Est-ce que ça va ? Vous n'êtes pas blessé ?

– Non, aucune flèche ne m'a atteint, la rassure le cerf d'une voix de velours. Je vais me reposer un peu avant de foncer me réfugier dans la montagne.

– Bien pensé. Le duc est persuadé que vous avez fui dans la vallée. Ses cavaliers galopent dans cette direction. Vous pouvez prendre votre temps, c'est à l'opposé.

– Et toi, petite ? Ils ne t'ont pas fait de mal ? demande le bel animal avec douceur.

– J'ai eu peur au passage de cette cavalcade infernale, mais je vais bien.

– Où te rendais-tu ?

– Chez ma grand-mère. Il faut que je me dépêche.

– Ne traîne pas en route. Bonne chance !

10

Bizarre... Les ailes du moulin ne tournent plus...

En arrivant aux abords de la chaumière, Perle a un mauvais pressentiment. Aucun signe de vie nulle part. Un silence de plomb règne dans le jardin. Elle entre avec appréhension :

– Mamie ? Mamie ? Où es-tu ?

– Miaou..., miaule Tilly, le chaton tigré.

Mais, contrairement à la première fois, il ne vient pas se frotter contre la jambe de la fillette. Il se faufile en vitesse hors de la maison.

– Mamie, tu fais la sieste ?

Perle dépose le panier en osier sur la table et grimpe l'escalier sur la pointe des pieds.

Elle a beau frapper à la porte de la chambre, la grand-mère ne répond pas.

La fillette colle son oreille contre la paroi. Aucun bruit.

– Mamie ? Tu dors ?

Elle est peut-être trop malade pour parler ?

Tout doucement, Perle pénètre dans la pièce. Le lit est VIDE !

– Oh, mon Dieu ! balbutie-t-elle.

Elle craint que le loup ait traîné le corps de la vieille femme dans les bois et qu'il soit en train de la dévorer...

– Mamie ! Mamie ! s'écrie la fillette.

Redescendant les marches quatre à quatre, elle fonce à l'extérieur et marche sur la queue de Tilly.

– Regarde où tu mets les pieds, miaule le chat.

Il saute sur le rebord de la fenêtre et secoue la tête :

– Pas la peine de t'égosiller, Petit Chaperon Rouge, ta grand-mère ne peut pas t'entendre.

– Pourquoi ? Où est-elle ? Que lui est-il arrivé ? Le Grand Méchant Loup l'a mangée ?

– Du calme, du calme, ma belle. C'est quoi, ces sottises au sujet du loup ? Explique-toi.

– Ma grand-mère n'est plus dans son lit. Elle était censée être malade. Je suis morte d'inquiétude.

– Allons, allons, bâille Tilly, pas de panique. Elle n'était pas dans son assiette, cette nuit, c'est vrai. Miller est passé la voir avant d'aller en ville. Puis elle a pris son petit déjeuner et s'est sentie mieux.

– Et ensuite ?

– Laisse-moi réfléchir... Ah oui. Après, elle a balayé la cuisine et arrosé les plantes du jardin.

– Ça ne me dit pas où elle est MAINTENANT !

Le chat ferme les yeux, tel un sphinx.

– Je crois qu'elle est partie ramasser des fraises des bois, dit-il en rouvrant les paupières. Et aussi des mûres pour la confiture.

– Ouf, souffle Perle. Tout va bien, alors. Je me suis affolée pour rien !

– Plus de peur que de mal, renchérit le félin en bondissant au sol avant de rentrer dans la chaumière.

Il trottine vers la table.

– Miam... ça sent rudement bon par ici... Ne serait-ce pas l'excellent riz au lait de ta mère ? ronronne-t-il.

Perle ne voit pas l'intérêt d'attendre la grand-mère toute la matinée. Elle lui laisse un mot : *Ma chère Mamie, voici quelques douceurs de la part de maman. Bisous. Le Petit Chaperon Rouge.*

Puis elle donne une portion de gâteau de riz au chat, qui se lèche les babines.

Elle attrape le panier vide et se dirige vers le bois :

– La la li lalère, tralalalère... La la li lalère, tralalalère... La la li lala !

Elle chantonne en effectuant quelques pas de danse avec ses sabots rouges. D'humeur joyeuse, elle s'imagine en Superwoman des forêts. Elle pique un sprint et sa cape rouge se gonfle dans le vent.

– WAOUH ! C'est moi... SUPERWOMAN !

Mais Perle ne remarque pas l'absence des écureuils, des lapins, des oiseaux. Le bois est étrangement calme et elle n'en prend conscience qu'une fois arrivée dans la clairière du bûcheron.

– Où sont donc tous les animaux ? dit-elle tout haut.

Après tout, ils se reposent peut-être... comme les humains.

Elle s'assoit sur une bûche et pense à Hans et à son père partis au marché.

Caché dans les fourrés, le loup la guette. Deux fois de suite, il a raté l'occasion de lui sauter dessus, mais la troisième sera la bonne.

Il avance à pas de... loup vers la fillette, puis stoppe pour humer l'air.

Malgré la fatigue, Perle a décidé de se remettre en route. Elle traverse courageusement la clairière.

Génial, pense l'animal féroce, *elle est seule et à découvert. MIAM !*

Il s'approche d'elle sans un bruit à part sa respiration saccadée. Elle ne le voit pas.

– Bizarre, s'étonne la fillette à voix haute, j'ai froid tout à coup.

– Derrière toi, HOU, HOU, attention, la prévient la chouette.

Malheureusement, elle ne vole pas assez bas pour que Perle l'entende.

Le loup bondit, griffes en avant.

La fillette se retourne, hurle et a le réflexe de sauter de côté. Il l'a ratée !

Elle court vers l'endroit où le bûcheron travaille, repère la hache et la saisit.

– Cette fois, tu ne m'échapperas pas, grogne l'animal.

Perle est tétanisée de peur. *Que faire ?*

Soudain, elle remarque un arbre dont les branches basses semblent assez faciles à escalader.

Vite, vite.

Abandonnant son panier, la hache toujours à la main, elle grimpe à toute allure, et échappe de justesse aux redoutables mâchoires.

Le Grand Méchant Loup gronde de frustration. Il retrousse ses babines dégoulinantes de bave.

La pauvre gamine tremble de tous ses membres, mais elle prend son courage à deux mains pour se hisser sur la troisième branche : OUF ! Elle est définitivement hors de portée de la bête.

– Ha ! Ha ! grogne le loup. Tu crois que tu vas pouvoir rester là-haut longtemps ?

– Autant de temps qu'il le faudra !

– Ça m'étonnerait bien. La tempête se lève et le vent te fera tomber par terre !

Il a raison. Cette branche est bien frêle...

Perle est terrorisée, car une grosse rafale s'engouffre dans l'arbre.

CRRRAAACCC !

Le bois cède sous le poids de la fillette, qui plonge vers le sol ! Sa cape se détache et tombe en corolle sur le loup. Il essaie de se dégager du lourd tissu rouge.

Perle se relève et brandit la hache, qu'elle n'a pas lâchée.

Quelle chance, il est aveuglé !

Mais ça ne dure pas longtemps : il rampe et se débarrasse de la cape.

L'animal et la fillette sont à présent face à face, elle, très déterminée, lui, ses yeux jaunes luisant de rage.

– Si tu ne me crois pas capable de te battre, Grand Méchant Loup, regarde ! crie-t-elle en abattant la lame, qui coupe un autre bout de la queue grise.

– Ouille, ouille, ouille gémit l’animal en reculant.

Il n’a d’autre choix que de s’enfuir. La hache est affûtée, il n’a pas envie d’en goûter encore !

– Espèce de trouillard ! s’exclame Perle. Poule mouillée !

Une fois qu’il est en sécurité, le loup se retourne en marmonnant :

– Tu ne perds rien pour attendre... Je reviendrai, Petit Chaperon Rouge, et tu seras *ma* proie !

11

J'ai combattu le Grand Méchant Loup, ce n'est quand même pas rien !

Perle est fière d'elle. Elle ramasse sa cape et rentre à la maison, en bombant le torse comme le fait habituellement Hans.

Justement, elle le croise dans le village alors qu'il décharge des sacs de pommes de terre de la carriole.

– Hé ! Biddy ! C'est quoi, ce petit air de triomphe sur ton visage ?

– J’ai mis le loup en déroute grâce à la hache de ton père. Et ma jolie cape rouge m’a bien aidée aussi.

– Et ta grand-mère, elle allait comment ? demande sa mère au Petit Chaperon Rouge tout en faisant sa lessive à la main.

Elle frotte les langes de Tommy avec un gros morceau de savon noir.

– Beaucoup mieux ! En fait, elle était sortie. Je lui ai laissé un mot sur la table de sa cuisine.

– Parfait ! Repose-toi, ma chérie, je viens de sortir un gâteau du four. Tu en veux ?

– Quelle question ! Miam ! Un fondant au chocolat !

Elle se sert une grosse part pour se remettre de ses émotions.

Le vent s'engouffre dans la pièce et transporte des dizaines de bulles de savon multicolores loin de l'évier. Elles viennent entourer Perle.

Pop ! Pop ! Pop !

Une lumière incandescente encercle bientôt la fillette.

– Oh là là, que j'ai sommeil...

Elle se sent toute drôle.

Pop ! Pop ! Pop !

La pièce se met à tournoyer et les bulles éclatent de plus en plus vite. Un halo d'une blancheur éclatante soulève Perle, qui s'envole par la porte, puis haut, haut, très haut dans le ciel.

Lili est dans le sous-sol, bras croisés devant le coffre à déguisements, et elle soupire :

– Jamais nous ne reverrons notre Perle.

– Si elle a été expédiée dans le monde d'Hänsel et Gretel, l'affreuse sorcière a dû la manger, pleurniche Ambre.

– Non, si ça se trouve, elle est vivante, mais abandonnée au milieu d'une forêt profonde, en train de mourir de faim, renchérit Lili, qui repousse sa part de gâteau au chocolat. Zut, je n'ai plus d'appétit à force d'y penser !

Soudain, un nuage scintillant se pose sur le coffre. Perle apparaît au beau milieu en se frottant les yeux :

– Oh, comme j'ai dormi.

– Génial ! s'écrie Lili, folle de joie. Tu es de retour.

– Alors, c'était comment ? demande Ambre. La sorcière maléfique t'a attrapée ? Elle t'a séquestrée ? Elle t'a cuisinée ?

– Hé, les filles ! Du calme ! Laissez-moi respirer.

La pauvre est encore étourdie de son voyage. Elle repousse la capuche de sa cape rouge.

– Quel dommage que ça n'ait pas marché pour toi ! regrette Lili.

– Qu'est-ce que tu veux dire ? l'interroge Perle.

– Ben oui, tu es en sabots avec cette

cape super ringarde, tu n'as pas dû t'amuser beaucoup, constate Ambre.

– Vous rigolez ! Je n'étais pas une princesse, c'est vrai, mais moi, j'ai affronté le Grand Méchant Loup !

– HEIN ? HEIN ? bafouillent ses deux amies.

– C'est la vérité. Je vivais dans une chaumière, près d'une prairie avec des vaches.

– Sans blague ? s'étonne Ambre

– Et j'ai parlé avec les animaux de la forêt !

– Des animaux qui parlent ? répète Lili, incrédule.

– Même que la chouette m'a mise en garde plusieurs fois contre le loup.

Ambre et Lili écarquillent les yeux.

– J'ai travaillé pour la duchesse dans un château en haut d'une colline. Toute la déco était violette ! Un truc de dingue...

Ses amies sont abasourdies.

– Mon voisin, Hans, était le fils du bûcheron. Mis à part son affreuse salopette en peau de chamois et ses blagues archinulles, il était trop sympa.

– Et cette histoire de loup, raconte ! demande Lili, excitée.

– Il voulait me manger, mais il s'est cassé les dents ! Ou plutôt il a perdu un bout de queue dans la bataille ! Hi, hi, hi !

– Et la sorcière aux yeux rouges ?

– Et la maison en pain d'épice ?

– Mais, les filles, *de quoi* vous parlez ?

– Du conte *Hänsel et Gretel*, tu étais Gretel, n'est-ce pas ? explique Ambre.

– Vous n'y êtes pas du tout ! J'étais le merveilleux, le ravissant, l'adorable... Petit Chaperon Rouge!

Retrouve Perle et ses amies dans

Le coffre magique

Si tu as envie de nous donner
tes **impressions** sur la série
ou de nous raconter
quelle **héroïne de contes de fées** te fait rêver,
n'hésite pas à nous écrire !

N'oublie pas d'écrire
ton nom et ton adresse sur la lettre !